UNIVERSITÉ DE FRANCE.

ACADÉMIE DE STRASBOURG.

THÈSE
POUR LA LICENCE,

PRÉSENTÉE

A LA FACULTÉ DE DROIT DE STRASBOURG

ET SOUTENUE PUBLIQUEMENT

LE SAMEDI 21 AOUT 1847, A MIDI,

PAR

A. DAUTEVILLE,

de Tournon (Ardèche).

STRASBOURG,

DE L'IMPRIMERIE D'ÉDOUARD HUDER, RUE DES VEAUX, 27.

1847.

A MON PÈRE.

A. DAUTEVILLE.

FACULTÉ DE DROIT DE STRASBOURG.

PROFESSEURS.

MM. Rauter . . . . . doyen et professeur de procédure civile et de
législation criminelle.
Hepp . . . . . . professeur de Droit des gens.
Heimburger . . . professeur de Droit romain.
Thieriet. . . . . professeur de Droit commercial.
Aubry. . . . . . professeur de Droit civil français.
Schützenberger . professeur de Droit administratif.
Rau. . . . . . . professeur de Droit civil français.
Eschbach . . . . professeur de Droit civil français.

PROFESSEURS SUPPLÉANTS.

MM. Destrais et Chauffour.

M. Pothier, secrétaire, agent comptable.

M. Rauter, président de l'acte.

Examinateurs, MM. { Rauter,
Hepp,
Heimburger,
Destrais.

JUS ROMANUM.

DE

PIGNORIBUS ET HYPOTHECIS

IN UNIVERSUM.

§ I.

De pignoris et hypothecæ naturâ.

Pignus aut hypotheca est jus creditori datum in re alienâ, ut tuta sint credita.

Si creditor in rei possessionem venit, id est pignus ipsum obtinuit, tunc in *sensu stricto* pignus esse dicitur, at si jus suum constitutum fuit in re cujus non possessionem obtinuit, tunc hypotheca dicitur.

«Pignoris igitur appellatione eam propriè rem contineri dicimus, quæ simul etiam traditur creditori, maximè si mobilis sit. At eam quæ sine traditione, nudâ conventione tenetur, propriè hypothecæ appellatione, contineri dicimus (1).»

Attamen in præcipuis inter se consentiunt hæc duæ species.

«Inter pignus autem et hypothecam, quantùm ad actionem hypothecariam attinet, nihil interest ; nam de quâ re inter creditorem et debitorem convenerit, ut sit pro debito obligata, utrâque hâc appellatione, continetur (2).»

Et rectè igitur Romani juris interpretes, scribere potuerunt :

«Inter pignus autem et hypothecam, tantùm nominis sonus differt (3).»

Pignus et hypotheca tantùm accessoria jura sunt, quia obnoxia sunt credito quod firmare necesse est; non veræ obligationis, sed in re indivisibile naturâ, jus est.

Si obligatio quæ pignore vel hypothecâ est firmanda, nulla aut si perpetuâ exceptione pro debitore infirma, pignoris constitutio nulla est.

Res hypothecæ dari possunt pro quâcumque obligatione, sive mutua pecunia datur, sive dos, sive emtio vel venditio contrahatur, vel etiam locatio et conductio, vel mandatum et sive præsenti contractu, sive etiam præcedat. Sed et futuræ obligationis nomine dari possunt, et non solùm solvendæ omnis pecuniæ causâ, verùm etiam de parte ejus, et vel pro civili obligatione, vel honorariâ, vel tantùm naturali. Sed et in conditionali obligatione non aliàs obligantur, nisi conditio extiterit (4).

«Deniquè dare autem quis hypothecam potest, sive pro suâ obligatione, sive pro alienâ (5).»

Pignus, non solùm nomini principali, sed etiàm accessoriis, opponitur,

(1) § 7, Inst. (IV, 6).
(2) Loc. cit. Inst.
(3) L. 5, § 1, D. de pign. et hyp. (XX, 1).
(4) L. 5, pr. D., loc. cit.
(5) Ead. L., 2.

3

§ II.

Quæ res pignori vel hypothecæ datæ obligari possunt.

Generaliter, omnes res quæ in patrimonio sunt, dùm non sint extra commercium pignori vel hypothecæ datæ, obligari possunt. «Et quod emtionem venditionemque recipit, etiam pignorationem recipere potest (1).»

Inter res mobiles et immobiles non distinguitur. Et non solùm res corporales, sed etiam incorporales creditori oppignerandæ sunt.

«Quæ nondùm sunt, futura tamen sunt, hypothecæ dari quoque pos-«sunt, ut fructus pendentes, partus ancillæ, fetus pecorum, et ea, quæ «nascuntur sint hypothecæ obligata (2).»

Inter res incorporales quæ possunt dare pignori, numerantur :

1° Nomina.

2° Servitutes reales et personnales; attamen prædiorum rusticorum solæ servitutes pignori vel hypothecæ fundi vicini domino, opponendæ sunt. «Jura prædiorum urbanorum contra pignori dari non possunt: igitur nec convenire possunt, ut hypothecæ sint (3).»

3° Nomina.

Sunt res quas lege pignori dare interdictum est, sicut res litigiosæ, fundi in dote comprehensi, vel in donatione propter nuptias, bonaque filiifamiliàs à patre administrata.

Et aliæ magistratûs jussu, testatoris voluntate et pactione.

Prætiaque ab athletis sperata, nec pignori dari possunt.

Inter res incorporales quas pignori dare licet, jus emphyteuticum, vel superficiarium numerantur, etiam jus Pignoris ipsum pro pignore

(1) L. 9, § 1, D. XX, 1.
(2) L. 15, pr. Gaii, Fr. D. XX, 1.
(3) L. 11, § 3, D. h. tit.

tradi potest, quod alii creditor tradere potest, et ità sub pignus constituere.

Non solùm pignus in rebus singularibus individuè designatis, sed etiam in rerum universitate dari potest; ad hoc pignoris generalis et specialis divisio referri debet.

De significatione illorum verborum apud Romanos generaliter non conveniunt (1); attamen ex lege, 9, C. VIII, 17, generalis hypotheca indicat hypothecam quæ omnia bona comprehendit, itàque specialis hypotheca omnes alias minùs extensas indicat hypothecas.

Pignus in rebus singularibus constitutum, fructus, quoque omnia quæ ad rem spectant, afficit. Exempli causâ : «Si fundus hypothecæ datus sit, deindé alluvione major factus est, totus obligabitur (2).

Sed pignus vel hypotheca rem illo jure affectam in cujusque emptoris manus sequuntur. Id enim ex omni jure in re decurrit.

Si universitas hypothecæ obligata fuit, non solùm res nunc in eâ universitate comprehensas, sed etiam futuras, hypotheca affectat. Et illa in toto patrimonio debitoris constituta, præsentia nec non futura bona comprehendit.

§ III.

Quo modo pignus et hypotheca constituuntur.

Pignus voluntarium vel necessarium est :
Pignus voluntarium conventione nititur, id est conventionale pignus, vel in cautione testamentariâ, id est pignus testamentarium. Pignus apud Romanos in temporibus antiquissimis mancipatione vel in jure cessione, constituebatur. Sic proprietas ex *jure Quiritium*, creditori qui sæpè tamen linquebat rem debitori precariò, translata erat. Post solutionem debitori mancipatione rursùs rem transferebat. Hoc

(1) Vid. Mackeldey, § 306, note a.
(2) L. 16, p. D., XX, 1.

5

modo pignoris constituendi, Justiniani tempore, jàm non utebantur:
modi recentiores duo accepti fuérunt; primo res in creditoris possessione posita est, pignus sensu stricto; in altero contrà nulla est trans-
latio, id est hypotheca. Hic modus in pignoris contractu, ille in hypothecæ pacto, nititur. «Contrahitur hypotheca per pactum conventum,
quùm quis paciscatur, ut res ejus propter aliquam obligationem sint
hypothecæ nomine obligatæ; nec ad rem pertinet quibus fit verbis,
sicuti est et in his obligationibus, quæ consensu contrahuntur. Et
ideò et sine scripturâ si convenit, ut hypotheca sit, et probari pote-
rit, res obligata erit, de quâ conveniunt (1). Nam scripturæ ad proba-
tionem conventûs, tantùm de his fiunt. «Et pignoris obligatio etiam
inter absentes rectè ex contractu obligatur (2).»

Testamento quoque pignus constitui potest (3).

Pignoris aut hypothecæ jus ex pacto, a quocumque datur, dùm is
rem in potestate suâ habeat; et item constitutio nulla erit si in re
alienâ nititur.

«Sed aliena res pignori dari voluntate domini potest. Sed etsi igno-
rante eo data sit et ratum habuerit pignus valebit (4). Illa ratificatio
et ad diem conventionis retroagit, quod Lex 16, § 1, D. (XX, 1) expli-
cat : «Si nesciente domino, res ejus hypothecæ data sit, deindè posteà dominus ratum habuerit, dicendum est, hoc ipsum, quod ratum
habet, voluisse eum retrò recurrere ratihabitionem ad illud tempus
quo convenit; voluntas autem ferè eorum demùm servabitur, qui et
pignori dare possunt.» Tamem aliena res utiliter potest obligari sub
conditione, si debitoris facta fuerit.

Ad jus pignoris pactitii acquirendum, saltem quod ad pignus sensu
stricto attinet, propter mutuas ex pignore nascentes obligationes, creditorem bona alienare posse, vel ab illo sine auctoritate cujus non sese

(1) L. 4, Gaii, Fr. D., XX, 1.
(2) L. 23, tit. cit.
(3) Ulp. ad. edictum, lib. III.
(4) L. 20, pr. D. XIII, 7.

obligare potest, adjuvari, necesse est. «Etiam pupillo capienti pignus, propter metum pignoratitiæ actionis, necessaria est tutoris auctoritas (1).»

Pignus necessarium vel ex jussu magistratûs, seu ex lege nascitur; nam sunt obligationes quæ secum ipso jure hypothecam trahunt; quod pignus legale recens constituit. Constituere magistratûs missione in possessionem bonorum, vel pignoris capione prætoris, quoddam genus pignoris, dictum prætorium pignus, poterat.

Inter hypothecas ex lege sine ullâ pactione natas præcipuè numerantur : 1º hypotheca locatoris urbani prædii afficiens res à conductere illatas in ædificium locatum, ad cautionem obligationum è conductione natarum.

Non omnia illata vel inducta, sed ea sola quæ ut ibi sint, illata fuerint, pignori sunt (2).

2º Hypotheca locatoris prædii rustici, sed tantùm in fundi fructus;

«Nam in prædiis rusticis, fructus qui ibi nascuntur, tacitè intelli-«guntur pignori esse, domino fundi locati, etiàmsi nominatim id non convenerit (3).»

3º Hypotheca illius qui mutuam pecuniam ad ædificium ædificandum dedit, in illo ædificio et etiam in areâ.

4º Hypotheca pupilli, ex suis nummis suo nomine in re comparata (4).

5* Similis hypotheca ex constitutione Justinianeâ mulieri in rebus pecuniâ dotali emptis, adhuc tribuitur.

6º Deniquè legatariis, propter legata in bonis hæredis à testatore receptis, datur.

(1) L. 38, D. XIII, VII.
(2) L. 7, § 1, D. in quibus cas. pign. vel hyp.
(3) Loc. cit. D.
(4) L. 7, pr. D. XX, IV.

§ IV.

De pignoris et hypothecæ effectibus.

Debitor qui pignus vel hypothecam constituit, habet jura quæ à creditoris hypothecarii juribus discrepanda sunt. Debitor proprietatem rei pignori datæ, donec pignus secundùm leges adjudicatum vel venditum fuerit, servat. «Nam pignus, manente proprietate debitoris, solam possessionem transfert ad creditorem ; potest et precariò et pro conducto debitor re suâ uti (1).» Indè usus et rei commodum debitori remanent, si creditori non translata fuerunt. Debitor etiam onerare eam servitutibus et afficere novis hypothecis potest, dùm creditoris juribus non noceat.

«Sed si quis.... alii obligatam mihi obligavit, nec me de hoc certioraverit stellionato crimine plectetur. Planè si ea res ampla est et ad modicum æris fuerit pignorata, dici debebit, cessare non solùm stellionatus crimen, sed etiam pignoratitiam et de dolo actionem, quasi in nullo captus sit, qui pignori secundo loco accepit (2).» Generatìm debitor vendere rem potest; sed ab emptore cum suâ causâ comparatur. Præcipuum creditoris jus potestas est vendendi pignus, cùm creditum ad diem non solvitur. Retinere quoque in suâ possessione pignus usquè ad obligationis solutionem creditori licet. Et etiam ex Gordiani rescripto, si alia in eodem credita possidet donec soluta fuerint, jus retinendi pignus habet. Si res producit fructus, percipiendi et in credito, primùm in usuris, posteà in capite imputandi sunt. Conventio quâ debitor usum et commodum rei obligatæ obtinet, in compensatione usurarum, ἀντίχρησις dicitur.

Distractio pignoris creditoris præcipuum jus est ; ab illo vel magis-

(1) L. 35, § 1, D. XIII, 7.
(2) L. 36, D. XIII, 7.

tratûs auctoritate fieri potest. Hoc ultimo modo, solùm pignora in debitore prehensa pariter magistratûs auctoritate, distrahenda sunt, sed tantùm duobus mensibus præteritis post in bona manûs injectionem. In aliis casibus, ad diem solutionis, creditori pignus vendere licet. Cùm debita creditori soluta sunt, si quid ex venditionis pretio superest, hoc superfluum debitori vel creditori subsequenti tradendum est. Debitor verò, si pretium contrà non sufficit, adhuc de reliquo tenetur.

«De illo Pomponius lectionum libro II ità scripsit : quod in pignoribus dandis adjici solet, ut quo minùs pignus venisset reliquum debitor redderet supervacuum est, quia ipso jure ità se res habet, etiam non adjecto eo (1).»

§ V.

De actionibus creditori datis.

Creditor ut pignus persequatur vel hypothecam, Serviana actione et quasi Serviana vel hypothecariâ actione, utitur. Item Serviana et quasi Serviana quæ etiam hypothecaria vocatur ex ipsius prætoris jurisdictione substantiam capiunt. Serviana autem experitur quis de rebus coloni, quæ, pignoris jure pro mercedibus fundi ei tenentur. Quasi serviana actio autem quâ creditores pignora hypothecasve persequuntur (2).

Hanc etiam pignoris actionem, vindicationem pignoris, vel hypothecariam persecutionem, vel deniquè pignoratitiam dicunt.

Actiones possessoriæ datæ creditori, sunt : retinendæ et recuperandæ possessionis interdicta : Salvianum quoque interdictum sic ex Salviano Prætore cognominatum; solùm autem hocce interdicto locator prædii rustici fruitur, ad possessionem rerum recuperandam quas

---

(1) L. 9, § 1, D. XX, 5.
(2) J. § 7, de actionibus.

colonus pignori dedit; non tantùm contra locatorem, sed etiam contra quemcumque illarum rerum possessorem, conceditur. Aliis creditoribus, ad rei hypothecæ obligatæ possessionem recuperandam, interdictum quasi Salvianum dari generaliter putant; Sed illa opinio nullâ lege nititur.

§ VI.

De his qui in pignore vel hypothecâ sunt potiores.

Ordinem, inter creditores pignus in eodem habentes, antecessio constituit. «Nam quùm de pignore utraque pars contendit, prævalet jure, qui prævenit tempore (1).»

Igitur priorem hypothecam posteriori præponunt. *Et potior tempore, melior jure;* id est privilegium temporis. Hypotheca privilegiata antecedit hypothecam non privilegiatam, quamvis sit ista prior tempore.

Leo imperator constituerat pignus instrumento publicè confecto probatum, id est auctoritate tabularii facto, vel instrumento quasi publicè confecto, id est tribus personis integræ opinionis suscripto, præponi pignori non sic constituto. Si his modis ordinem non constituere possunt, creditor pignus possidens, est potior.

(1) L. 4, C. VIII, 18.

——◦◦◉◦◦——

DROIT CIVIL FRANÇAIS.

De l'hypothèque en général et du mode d'inscription des hypothèques. — De la radiation et de l'effet de l'inscription en particulier.

(Art. 2146 — 2179 du Code civil.)

CHAPITRE PREMIER

DE L'HYPOTHÈQUE EN GÉNÉRAL.

PROLÉGOMÈNES.

Le gage, dans l'acception la plus étendue de ce mot, est un droit, en vertu duquel une personne peut poursuivre sur les biens d'autrui, le paiement de ce qui lui est dû. C'est dans ce sens que l'article 2093 du Code civil dit : «Les biens du débiteur sont le gage commun de ses créanciers.» Mais ce gage a des caractères qu'il est important de saisir ; il est loin d'être de la même nature que celui qui pris dans une acception plus restreinte, implique outre le droit de se faire payer sur les biens d'autrui, l'idée de sûretés spéciales accordées à certains créanciers à l'exclusion des autres, tels, par exemple, que le nantissement et l'antichrèse, etc.

Le gage constitué par la voie du nantissement et de l'antichrèse, en effet, entraîne avec lui le dessaisissement de la chose par le débiteur et la mise en possession du créancier. Par ce moyen, les droits de ce dernier sont mieux assurés, car à défaut de l'engagement principal, outre une action personnelle contre son débiteur, il a entre les mains un dépôt assuré, sur lequel il peut se faire payer ; il a un droit dans la chose.

Celui au contraire qui n'a qu'un engagement personnel, ne peut qu'actionner son débiteur ; à la vérité il aura un recours sur ses biens d'après la règle générale que les biens d'un débiteur sont le gage commun de ses créanciers, mais à la différence de la position du créancier gagiste, si ces biens ont été aliénés, son droit de gage se sera évanoui, tandis que pour ce dernier, les mutations de propriété ne pourront effacer son droit réel ; la chose lui répond directement, sans qu'il s'inquiète de poursuivre la personne.

«Aussi les créanciers ont bien compris que leurs intérêts seraient «à tous moments compromis, si, mettant toute leur confiance dans l'en- «gagement personnel de leurs débiteurs, ils ne prenaient les moyens «de se constituer sur les biens de ces derniers des droits inhérents à «la chose et indépendants des vicissitudes et des mutations des per- «sonnes.» (Troplong, sur l'art. 2093).

Pour arriver à ce but, le contrat de gage par nantissement ou antichrèse, dut se présenter naturellement un des premiers. Mais cette manière de contracter fut trouvée incommode ; car d'une part le débiteur, pour se procurer du crédit, était forcé de se dessaisir d'objets souvent fort utiles ; d'autre part, le créancier gagiste manquait souvent ou d'intérêt ou de bonne volonté ou de facilités convenables, pour améliorer les objets donnés en gage et pour en tirer parti. On ne tarda pas aussi à admettre que, par la seule convention, sans faire au créancier aucune tradition de l'objet affecté au paiement de la dette, on pourrait lui conférer sur cet objet, le même droit réel que si on le lui avait remis en gage ; c'est-à-dire le droit de le faire vendre au besoin et de se faire payer sur le prix par préférence aux autres créanciers. C'est de là que dérive l'hypothèque, qui est un droit, en vertu duquel l'objet qui en est grevé, est affecté à l'acquittement d'une ou de plusieurs dettes, sans déplacement de la possession. L'hypothèque et le gage proprement dit différaient donc en ce sens, que dans l'un il y avait remise de la chose, et dans l'autre simple convention. Telle est l'origine de l'hypothèque.

PREMIÈRE SECTION.

CARACTÈRES GÉNÉRAUX DE L'HYPOTHÈQUE.

La définition de l'hypothèque est donnée en ces termes par l'art. 2114 : *«l'hypothèque est un droit réel sur les immeubles affectés à l'acquittement d'une obligation. Elle est de sa nature indivisible et subsiste en entier sur tous les immeubles affectés sur chacun et sur chaque portion de ces immeubles.*

Elle les suit dans quelques mains qu'ils passent.»

L'hypothèque est donc un droit réel, ce qui veut dire qu'elle ne confère pas un droit de simple créance, relatif à tel ou tel débiteur déterminé, mais un droit absolu opposable à toute personne. Ce droit considéré par rapport aux autres créanciers du propriétaire de l'immeuble, s'appelle droit de préférence, considéré à l'encontre des tiers-acquéreurs, on le qualifie de *droit de suite*. Et l'hypothèque n'est autre chose que l'ensemble de ces deux droits. (Valette, *Traité de Privil. et des Hyp.*, n° 124).

L'hypothèque est indivisible, c'est-à-dire qu'elle affecte l'objet, soit en entier, soit dans chacune de ses parties pour la totalité de la créance : «*tota in toto, et tota in qualibet parte.*» Tant qu'une partie de la dette n'est pas acquittée, les immeubles demeurent affectés en totalité, à la garantie de ce qui reste dû. Si les fonds affectés se divisent, soit par succession, vente, etc., chacune des fractions ainsi séparées est engagée pour toute la dette.

L'hypothèque suit les immeubles affectés en quelques mains qu'ils passent (art. 2114 in fine), c'est l'exercice du droit de suite, dont il sera parlé plus bas.

Il était permis, en Droit romain, d'établir des hypothèques sur des meubles, le Code le défend, et pour énoncer cette prohibition, il reproduit la vieille maxime française : «*Les meubles n'ont pas de suite par hypothèque (art. 2119).*»

Elles ne peuvent être établies que sur des immeubles, et encore tous ceux-ci ne peuvent-ils pas en être grevés. L'art. 2118 énumère ceux qui en sont susceptibles ; ce sont :

1° Les biens appelés immeubles par leur nature ;

2° Leurs accessoires réputés immeubles, c'est-à-dire les immeubles par destination ;

3° L'usufruit immobilier.

Il faut ajouter à l'énumération de cet article : Les mines considérées comme immeubles distincts des fonds sur lesquels elles se trouvent, les actions immobilières de la banque de France, celles de la Compagnie des canaux d'Orléans et de Loing.

Tous les autres immeubles, à savoir : les droits d'usage et d'habitation, les servitudes réelles envisagées en elles-mêmes et séparément des fonds auxquels elles appartiennent, les droits immobiliers et les hypothèques ne peuvent être soumis au droit d'hypothèque, pas plus que les objets qui en étant d'ailleurs susceptibles, ne sont pas dans le commerce, tels que les biens composant un majorat.

SECTION II.

DES DIFFÉRENTES ESPÈCES D'HYPOTHÈQUES.

Après ces notions générales sur la nature de l'hypothèque, voyons quels sont les divers faits ou événements qui leur donnent naissance. Ces causes sont indiquées par l'art. 2116 qui porte : « elle (l'hypothèque) est ou légale, ou judiciaire ou conventionnelle. » Il y a donc trois causes productives du droit d'hypothèque; nous allons les examiner séparément.

§ 1er. *De l'hypothèque légale.*

L'hypothèque légale est celle qui résulte de la loi (art. 2117). Il n'est pas besoin d'une convention pour l'établir; la loi l'attache de plein droit à certaines créances qui lui paraissent assez dignes de faveur pour leur assurer, indépendamment de toute convention, la garantie hypothécaire; et comme la cause qui la détermine à la sous-entendre est très-favorable, elle lui donne plus d'étendue et de privilége qu'aux hypothèques conventionnelles. La loi donne une hypothèque de cette nature :

1º Aux femmes mariées sur les biens de leurs maris. Selon l'art. 2121 cette hypothèque est attribuée aux droits et créances et celles-ci sur les biens de ces derniers. Ces termes sont généraux et exclusifs de toute distinction; peu importent donc le régime auquel elles sont soumises et l'origine de l'obligation du mari.

Le motif de cette faveur repose sur l'état de dépendance où la femme se trouve pendant le mariage. Mais cette hypothèque n'existe ni pour les indemnités ou récompenses qu'elle n'a droit d'exercer que sur les biens de la communauté, ni pour ses droits sur la succession de son mari (Zachariæ, § 264).

Cette hypothèque n'a pas un point de départ invariable. Pour la dot et les conventions matrimoniales elle date de la célébration du mariage. Pour les successions échues à la femme du jour de leur ouverture, pour les donations qui lui sont faites, de celui où le mari demeure responsable des objets qui y sont compris; et quant à l'indemnité des dettes et au remploi des immeubles aliénés, du jour des obligations et des ventes (art. 2135).

2° Une hypothèque de cette nature est encore donnée aux mineurs et aux interdits sur les biens de leurs tuteurs. Le tuteur officieux dont il est question aux art. 361 et suivants, s'y trouve soumis pour ce qui concerne sa gestion, ainsi que le cotuteur et le protuteur. Mais les fonctions des subrogés tuteurs, des curateurs donnés aux émancipés, des conseils donnés aux prodigues, n'emportent pas une hypothèque légale.

Cette hypothèque a pour objet d'assurer le paiement de toutes les sommes dont le tuteur est devenu débiteur envers son pupille, par suite de sa gestion et de celles qu'il lui devait pour causes antérieures à la tutelle, lorsqu'elles sont devenues exigibles (Troplong, II, n° 427). Elle prend naissance du jour de l'acceptation de la tutelle; mais que doit-on entendre par jour de l'acceptation? Pour les tuteurs légitimes, ce jour est celui de l'ouverture de la tutelle; pour les tuteurs testamentaires, c'est celui où ils ont eu connaissance du testament. Quant à la tutelle déférée par le conseil de famille, elle est censée acceptée du jour de la nomination du tuteur, s'il est présent à la délibération : s'il est absent, du jour de la notification de l'acte de délibération (Troplong. II, 428).

3° La loi donne enfin une hypothèque légale à l'État, aux communes et aux établissements publics sur les biens de leurs receveurs et administrateurs comptables (art. 2121).

Cette dernière hypothèque diffère des deux autres en ce qu'elle est seule soumise à l'inscription. Mais elles ont toutes un caractère commun, c'est d'être générales de leur nature, et de grever, par conséquent, tous les immeubles que le débiteur possède au moment où elles prennent naissance et ceux qu'il acquiert dans la suite.

La loi permet toutefois de restreindre à certains immeubles déterminés du tuteur, l'hypothèque légale des mineurs dans l'acte de nomination de ce dernier par une déclaration du conseil de famille (2141); ce qui ne peut s'appliquer ni au tuteur testamentaire, ni au tuteur légitime; ceux-ci, pour obtenir la restriction de cette hypothèque, devraient suivre les formalités prescrites par l'art. 2143 qui permet moyennant certaines conditions de restreindre cette hypothèque légale après l'entrée en fonctions du tuteur. De même si les futurs époux sont majeurs, ils peuvent, dans leur contrat de mariage, convenir qu'une inscription ne sera prise que sur un nombre d'immeubles déterminés (2140). Durant le mariage, le mari peut demander la réduction de l'hypothèque qui frappe sur ses biens d'après le mode indiqué à l'art. 2144.

§ 2. *De l'hypothèque judiciaire.*

L'hypothèque judiciaire date de l'ordonnance de Moulins qui portait (art. 55) : «Que dès-lors et à l'instant de la condamnation en dernier «ressort et du jour de la prononciation du jugement, il serait acquis «à la partie droit d'hypothèque sur les biens du condamné, pour l'effet «et exécution des jugements et arrêts par lui obtenus.»

Telle est l'origine de l'hypothèque judiciaire en Droit Français; le Code civil l'a maintenue. Le but de ses rédacteurs a été par là d'assurer l'exécution des jugements; ils ont voulu que le débiteur ne pût faire des aliénations, ni consentir des hypothèques avant cette exécution; autrement : «la force des jugements n'eût été qu'illusoire, si le con-«damné eût pu ensuite, par une simple constitution d'hypothèque,

« donner sur ses biens un droit préférable. » Ce sont les termes du rapport fait au Conseil d'État par Bigot-Préameneu.

Cette hypothèque date du jour de la sentence définitive; elle est générale, c'est-à-dire qu'elle affecte tous les biens présents et à venir du condamné.

Tout jugement quelconque n'engendre pas une hypothèque; il n'y a que les jugements qui condamnent à une obligation. Ainsi, un jugement préparatoire ou d'instruction ne produit pas hypothèque (Tarrible Rep., V° hyp., p. 905, n° II). Mais il est indifférent que le jugement renfermant les conditions requises pour entraîner ce droit, soit contradictoire ou par défaut, définitif ou provisoire.

Les jugements portant reconnaissance ou vérification de signatures apposées à des actes sous-seing privé, donnent naissance à l'hypothèque judiciaire; mais pour que le créancier puisse prendre inscription en vertu de ce jugement, il faut que les obligations qu'ils renferment soient exigibles; c'est la disposition de la loi du 3 septembre 1807. Le but dans lequel elle a été établie, a été d'empêcher que l'obligation de celui qui n'a voulu contracter qu'avec la condition de ne pas donner d'hypothèque, ne s'y trouvât soumise contre sa volonté; et par la généralité de l'hypothèque judiciaire, on eût pu éluder trop facilement le principe de la spécialité.

Les décisions de l'autorité administrative rendues dans les limites des pouvoirs des fonctionnaires dont elles émanent, pourvu qu'elles prononcent une condamnation, confèrent l'hypothèque judiciaire. Il en est de même des sentences arbitrales revêtues de l'ordonnance d'exécution (C. de pr. art. 1020). Vid. Grenier I, 203.

§ 3. *De l'hypothèque conventionnelle.*

L'hypothèque conventionnelle est celle qui dépend des conventions et de la forme extérieure des actes (art. 2117).

L'hypothèque étant une aliénation d'une partie du domaine de la chose, elle ne peut être consentie que par ceux qui ont la capacité d'aliéner. En supposant d'ailleurs cette capacité, on ne peut grever d'hypothèques que les immeubles dont on est propriétaire. Les constitutions d'hypothèques sur les biens que l'on acquerra dans la suite sont nulles; ainsi que celles qui sont établies sur les biens présents et à venir, mais relativement à ces derniers seulement. Par exception à cette règle l'art. 2130 permet à celui dont les biens présents sont insuffisants pour garantir la dette, d'affecter d'une manière générale, en déclarant cette insuffisance, les biens qu'il acquerra dans la suite, à mesure des acquisitions.

L'hypothèque conventionnelle ne peut résulter que d'un acte authentique, c'est-à-dire, passé devant deux notaires ou devant un notaire assisté de deux témoins (art. 2127).

Il faut de plus que cet acte renferme les énonciations prescrites par l'art. 2129; c'est-à-dire qu'il doit énoncer la situation et la nature de chacun des immeubles grevés, et pour cela désigner individuellement chacun de ces immeubles par sa nature particulière; énoncer la commune sur laquelle ils sont situés; et si le constituant a dans la commune d'autres immeubles pour les distinguer de ceux sur lesquels il donne hypothèque, il devra les désigner individuellement en indiquant leurs confins. Mais pour hypothéquer un domaine il suffit de le désigner par son nom, en indiquant la commune sur laquelle il se trouve situé (Grenier I, 71).

Cependant la jurisprudence tend à considérer comme valables les actes dans lesquels le débiteur, en hypothéquant tous les immeubles qu'il possède sur le territoire d'une commune, les désigne d'une manière collective, en disant qu'ils consistent en maisons, prés, terres, &. Et même ceux par lesquels le débiteur hypothèque tous les biens qu'il possède dans telle commune ou dans l'arrondissement du bureau de la conservation sans autre énonciation. Les décisions de nombreux arrêts rendus dans ce sens sont contraires au texte de l'art. 2129, et portent atteinte au principe de la publicité (Zachariæ, § 266, note 17).

L'acte constitutif d'hypothèque doit enfin renfermer l'indication de la quotité de la créance, et si elle n'est pas liquide, on peut se contenter d'en faire une évaluation approximative dans l'inscription (art. 2129.)

Par ces différentes énonciations qu'elle prescrit, la loi prépare ici les éléments de l'inscription dont nous allons parler. Elles ont pour but d'assurer la spécialité qui prépare l'inscription, et l'inscription assurera la publicité.

CHAPITRE II.

DU MODE D'INSCRIPTION DES HYPOTHÈQUES.

§ 1er. *Généralités sur l'inscription.*

Pour que les hypothèques aient leur effet à l'égard du débiteur ou de ses héritiers, il suffit d'un titre constitutif valable, indépendamment de toute autre formalité. Mais leur efficacité à l'égard des tiers est subordonnée à l'existence d'une inscription régulière. «L'inscription des hypothèques consiste dans la description qui en est faite sur des registres pubics, afin de mettre les tiers en état de s'en procurer une connaissance exacte (Zachariæ, t. II, § 267).»

L'objet de cette formalité est de mettre l'hypothèque en action et de lui assurer un rang parmi les créanciers du débiteur.

Toutes les hypothèques y sont en général soumises; il n'y a d'exception que pour les hypothèques légales des mineurs, des interdits et des femmes mariées qui existent indépendamment de toute inscription (2135).

Les inscriptions se font au bureau du conservateur, dans l'arrondissement duquel sont situés les biens soumis à l'hypothèque (2146). Et si un même domaine se trouve situé partie dans l'arrondissement d'un bureau et partie dans un autre arrondissement, il faut prendre inscription aux deux bureaux, et dans chacun pour la partie de biens comprise dans son arrondissement (Duranton, t. XX, n° 75).

Quel délai la loi fixe-t-elle pour remplir cette formalité ? En général elle n'en détermine aucun, elle laisse ce soin à la vigilance des créanciers ; on peut donc en thèse générale toujours s'inscrire, sauf à ne pas arriver le premier. Il y a cependant des exceptions :

1° Si, par exemple, l'immeuble sur lequel repose l'hypothèque vient à être aliéné, le créancier ne peut plus s'inscrire à partir de l'expiration de la quinzaine qu'a suivi la transcription du contrat d'acquisition du nouveau propriétaire. Il résulte de la combinaison des art. 2134, 2166 C. c. et 834 C. de pr. que malgré l'inscription qu'il aurait prise après ce délai, l'immeuble serait affranchi de l'hypothèque ; car l'hypothèque ne s'exerce qu'au moyen de l'inscription, c'est elle qui la vivifie, elle en est le complément nécessaire et indispensable.

2° Lorsque le débiteur tombe en faillite, son créancier ne pouvait plus, d'après l'art. 443 du Code de commerce de 1807, prendre inscription pour des droits antérieurement acquis, et cela non seulement depuis l'époque de la cessation des paiements et fixée par le jugement déclaratif de faillite, comme le jour auquel elle remonte, mais encore dans les dix jours qui précédaient. Cette disposition a paru trop rigoureuse au législateur qui l'a modifiée dans la loi de 1838 relative aux faillites et aux banqueroutes ; aussi l'art. 448 de la loi nouvelle permet d'inscrire les droits d'hypothèques valablement acquis jusqu'au jugement déclaratif de faillite ; pourvu que dans les inscriptions prises après l'époque de la cessation des paiements ou dans les dix jours qui précèdent, il ne se soit pas écoulé plus de quinze jours entre la date de l'acte constitutif d'hypothèque et celle de l'inscription.

3° Lorsqu'une succession est acceptée sous bénéfice d'inventaire, il n'est pas permis non plus aux créanciers de cette succession, de prendre inscription sur les biens qui la composent; ils doivent tous rester dans le même état où ils se trouvaient à la mort de leur débiteur.

Tous les créanciers inscrits le même jour, exercent en concurrence une hypothèque de la même date, sans distinction entre l'inscription du matin et celle du soir, lors même que cette différence eût été marquée par le conservateur (art. 2147). Sans cette disposition, il eût été trop facile à ce dernier, de favoriser un créancier au préjudice des autres.

§ 2. *Formalités à remplir pour parvenir à l'inscription.*

Pour parvenir à l'inscription, celui qui la requiert doit présenter au conservateur le titre qui donne naissance à l'hypothèque. La loi n'exige pas que le tiers qui requiert inscription pour le créancier soit muni d'une procuration expresse; le titre dont il est porteur, lui tient lieu de procuration. Le créancier qui requiert lui-même l'inscription, n'a pas besoin d'être capable de contracter; un mineur, une femme mariée peuvent donc la requérir.

Au titre, le requérant doit joindre deux bordereaux écrits sur papier timbré, dont l'un cependant peut être porté sur la copie du titre (2148). Le conservateur doit faire mention de la remise de ces pièces sur un registre destiné à cet effet, tenu jour par jour; et procéder ensuite à l'inscription d'après la date de la remise des pièces.

Les énonciations que doivent renfermer les bordereaux sont contenues dans l'art. 2148. Ils doivent :

1° Désigner d'une manière exacte, tant le créancier que le débiteur;

2° Contenir une élection de domicile de la part du créancier dans un lieu quelconque de l'arrondissement du bureau;

3° L'indication de la date et de la nature de l'acte, en vertu duquel l'inscription est prise, c'est-à-dire de l'acte, constatant l'existence du titre qui donne naissance à l'hypothèque;

4° Celle du montant de la dette et de l'époque de l'exigibilité;

5° Enfin la désignation de la nature et de la situation des immeubles grevés (Zachariæ, § 275).

Lorsqu'il s'agit de l'inscription de droits d'hypothèque légale, il suffit que les bordereaux contiennent : la désignation exacte du créancier et du débiteur, une élection de domicile et l'indication des droits et créances à conserver, ainsi que le montant des prétentions déjà déterminées (art. 2153). L'article 2148 qui est le siége principal des formalités requises pour l'inscription, ne prononce pas la peine de nullité pour le défaut des énonciations qu'il prescrit. Le juge devra-t-il alors la suppléer dans tous les cas; et la moindre omission de l'une des énonciations prescrites, entraînera-t-elle la nullité de l'inscription? Plusieurs systèmes se sont formés sur cette question importante. La Cour de cassation avait admis dès le principe que toutes ces énonciations étaient de rigueur, elle prononçait la nullité de l'inscription pour l'omission de l'une d'entre elles. Trouvant ensuite ce système trop rigoureux, elle revint sur ses décisions antérieures et s'en forma un nouveau qui prévaut généralement aujourd'hui. Il consiste à distinguer les formalités substantielles de celles qui sont simplement accidentelles, et à prononcer pour l'omission de l'une des premières la peine de nullité. Mais que doit-on entendre par formalités purement accidentelles? Ici les opinions sont assez divergentes et la Cour de cassation, qui a déjà depuis longtemps adopté ce système, ne paraît pas en avoir toujours fait une application heureuse.

Il est donc nécessaire d'établir avant tout ce qu'on doit entendre par formalités substantielles? Ce sont celles qui sont indispensables pour remplir le but pour lequel l'inscription est exigée. La loi a voulu par l'inscription, donner à celui qui va prêter son argent ou acheter un immeuble, des renseignements suffisants, pour qu'il ne tombe pas dans un piége par l'ignorance des charges qui pèsent sur le débiteur. Que doit donc nécessairement connaître celui qui va contracter ?

1° C'est la désignation des immeubles déjà hypothéqués, appartenant au débiteur.

2° L'indication des sommes pour lesquelles ils sont grevés.

3° L'indication précise du débiteur.

A l'égard des autres formalités, elles ne sont pas de la substance de l'inscription, mais d'une utilité simplement relative.

Telle est l'opinion de M. Troplong, développée, (t. III n° 668 et suiv.).

D'autres auteurs regardent comme substantielles les énonciations de la date et de la nature de l'acte (Grenier, I, 97) et de l'époque de l'exigibilité (Grenier, 1, 79. Merlin; Rep. v°. insc. hyp., § 5, n° 11).

Parmi les formalités qu'exige l'art. 2148 pour les bordereaux, se trouve l'indication du montant de la dette indiqué dans le titre; ou si les créances qu'il renferme sont éventuelles, conditionnelles ou indéterminées, ils doivent contenir une évaluation approximative faite unilatéralement par le créancier, ainsi que le montant des accessoires de ces capitaux. Par accessoires que l'inscrivant doit comprendre dans les bordereaux, on entend les intérêts ou arrérages échus et encore dûs au moment où l'inscription est prise. Les frais et dépens participent également, en leur qualité d'accessoires, aux sûretés hypothécaires. Mais pour qu'ils jouissent du même rang que le principal, le créancier doit ajouter dans l'inscription une somme représentant, par approximation, les frais et dépens éventuels; s'il avait négligé de le faire, ils n'auraient rang qu'à partir de l'inscription prise en vertu du jugement de condamnation. Mais une restriction a été apportée quant aux intérêts conventionnels. Le créancier ne pourrait comprendre dans son inscription, pour leur donner le même rang qu'au capital, que le montant de deux annuités d'intérêts échus et de ceux de l'année courante. C'est la disposition de l'art. 2151, sans cela le créancier jouirait indistinctement pour tous les intérêts échus du même rang que pour le principal. Cette restriction qui se rattache au principe de la publicité des hypothèques a été établie dans l'intérêt des créanciers postérieurs, aux droits desquels on aurait pu porter une grave atteinte en laissant accumuler une grande quantité d'annuités échues, ou en présentant comme encore dûs des intérêts déjà payés. Cette exception, toutefois, ne concerne que le droit de préférence et non le droit de suite, elle ne s'applique qu'aux autres créanciers et non aux tiers-détenteurs; car d'après l'art. 2168, ces derniers sont tenus de tous les intérêts à quelque somme qu'ils puissent monter (Grenier, I, 101 ; vid. en ce sens, arrêt de la Cour de Bruxelles, 4 avril 1806, Sir. VII, 2, 1003).

Il n'est pas indispensable d'évaluer dans l'inscription le montant des intérêts des deux années échues et de l'année courante, elles sont dues de plein droit; il suffit d'énoncer que le capital est productif d'intérêts.

Mais que doit-on entendre par les expressions de l'art. 2151 : «*que le créancier inscrit n'a le droit d'être colloqué que pour deux années seulement et pour l'année courante au même rang que pour le principal?*» Plusieurs opinions se sont formées sur cette question.

Ces deux années ne sont pas plus celles qui suivent immédiatement l'inscription que celles qui précèdent l'ouverture de l'ordre; ce sont les intérêts de deux années quelconques, auxquels le créancier a droit (Grenier, 1, 98. Civ. Cass. 27 mai 1816, Sir. XVI, 1, 250.) Et par intérêts de l'année courante il faut entendre ceux qui ont cours pendant l'année de la demande en collocation. Il a droit de plus aux intérêts échus depuis cette demande jusqu'à la clôture de l'ordre. De sorte que le créancier peut, en vertu de l'inscription primitive, être colloqué pour plus de 3 annuités d'intérêts (Troplong, III, 699 bis).

Pour le surplus, il est placé sur la même ligne qu'un créancier chirographaire. Mais il peut, pour se placer à cet égard dans une position plus favorable, prendre inscription pour les intérêts qui viennent à écheoir à partir de la date de l'inscription. Et dans ce cas il existe autant de créances hypothécaires distinctes que d'inscriptions, et le rang de chacune se détermine d'après la date de l'inscription.

Lorsque les deux bordereaux ont été remis au conservateur, celui-ci doit porter sur son registre les énonciations qu'ils contiennent, et il remet à celui qui a requis l'inscription le titre et l'un des bordereaux, sur lequel il a dû apposer un certificat constatant qu'il a effectué l'inscription (2150).

Le rôle du conservateur n'est qu'un rôle passif; son devoir est de se contenter de transcrire les bordereaux; si l'inscription n'y était pas conforme et qu'elle contînt des omissions susceptibles d'en entraîner la nullité, il serait responsable des suites de cette nullité, et obligé de réparer le dommage qui en résulterait pour la partie. Des bordereaux valables ne pourraient couvrir la nullité d'une inscription irrégulière; car ce ne sont pas eux que les tiers sont admis à consulter, mais bien le registre du conservateur. Et, réciproquement, des bordereaux défectueux ne rendraient pas l'inscription irrégulière, si elle renfermait les énonciations nécessaires. Le seul moyen de réparer le vice d'une inscription est d'en prendre une nouvelle qui soit régulière; mais elle ne prendra rang que du jour de sa date. (Avis du Cons. d'État du 22 avril 1807.)

§ 3. *De la péremption des inscriptions et de leur renouvellement.*

Une inscription régulièrement prise ne produit ses effets que pendant un certain temps, elle se périme par le laps de dix ans; il faut alors la renouveler sous peine de voir l'hypothèque perdre son rang. Mais si le renouvellement a eu lieu en temps utile, elle le conserve à la date de l'inscription primitive. Le motif de cette péremption repose sur la difficulté qu'éprouveraient les conservateurs à donner des relevés exacts d'inscriptions remontant à une époque éloignée. Pour compter les dix ans, pendant lesquels l'inscription conserve son effet, on doit ici suivre la règle : *dies termini (a quo) non computatur in termino.*

Ainsi, le jour où l'inscription a été prise n'est pas compté, mais le dernier jour du terme y sera compris, et ce jour sera le dernier où le renouvellement devra avoir lieu pour conserver son rang à l'hypothèque, le lendemain il serait trop tard : Ainsi, une inscription, prise le 1er août 1837, devrait être renouvelée au plus tard le 1er août 1847 (Grenier, T. 1, 107).

Le Code civil n'a pas tracé les formes de l'inscription prise en renouvellement d'une autre. On pourrait penser qu'étant destinée à remplacer l'inscription primitive, elle devrait contenir ce que renfermait la première. Mais on peut se contenter de se référer simplement à celle-ci, en énonçant seulement qu'elle a pour but de renouveler une inscription prise tel jour, sur les biens d'un tel, de sorte qu'il fût impossible de la confondre avec toute autre. Ce principe a été consacré par deux arrêts de la Cour de cassation du 3 février 1807, D. hyp., p. 275, et du 22 février 1825, D. 25, 1, 55.

Cette obligation de renouvellement est commune à toutes les inscriptions hypothécaires quelconques. Elle est aussi bien exigée pour les hypothèques légales des femmes mariées, des mineurs et interdits, que pour celles prises d'office par le conservateur.

Si le renouvellement d'une inscription n'a pas eu lieu, cette omission ne fait perdre que le rang et non le droit de prendre une nouvelle inscription, aussi longtemps que l'hypothèque n'est pas éteinte; et celle-ci produira tous les effets d'une première inscription prise à la même date.

CHAPITRE III.

DE LA RADIATION DES INSCRIPTIONS.

SECTION PREMIÈRE.

DE LA RADIATION PROPREMENT DITE.

La radiation des hypothèques est l'action de faire disparaître des registres de la conservation des hypothèques, les inscriptions hypothécaires qui y existent. Elle prend le nom de réduction, lorsqu'elle n'a pour objet que de faire restreindre les inscriptions (Rep. de Merlin, article de M. Tarrible, V° Rad. 1). Elle se fait par une annotation en marge de l'inscription à rayer sur les registres du conservateur.

La radiation des inscriptions est volontaire ou forcée. Elle est volontaire, lorsqu'elle s'opère du consentement des parties ayant capacité à cet effet ; elle est forcée, lorsqu'elle est ordonnée par un jugement.

La remise faite par le créancier de son droit d'hypothèque, n'emporte pas remise de la dette. En remettant l'hypothèque, ce dernier ne veut que faciliter son débiteur et augmenter son crédit. Mais celui qui consent à la radiation d'une inscription n'est pas toujours présumé avoir voulu renoncer à son droit d'hypothèque, il peut malgré ce consentement prendre une nouvelle inscription lorsqu'il n'est pas payé de sa créance (Civ. rej. 2 mars 1830, Siv. XXX, 1, 342).

Le consentement à radiation doit être donné par un acte authentique, appelé *main-levée* ; l'expédition en doit être remise au conservateur et demeurer déposée au bureau de la conservation. Pour consentir à cette radiation, il faut avoir capacité à cet effet, ainsi une femme commune non autorisée de son mari, un mineur, ne peuvent donner main-levée de leurs inscriptions. Mais le mineur émancipé et le prodigue peuvent consentir seuls la radiation des hypothèques prises pour loyers et fermages, mais non de celles prises pour sûreté de leurs capitaux à moins d'être assistés de leur curateur ou de leur conseil. En général qui peut donner quittance du paiement, peut donner décharge de l'hypothèque.

La radiation forcée s'opère par un jugement; mais pour que le conservateur doive l'effectuer, il faut qu'il ait été rendu en dernier ressort, ou qu'il soit passé en force de chose jugée, ou du moins qu'il soit exécutoire par provision. Dans les cas prévus par l'art. 759 du C. de proc. le juge commissaire doit prononcer la déchéance des créanciers non produisants, et d'après l'art. 766, la radiation des créanciers non utilement colloqués; les ordonnances rendues dans ces deux cas ne sont susceptibles ni d'opposition ni d'appel; sur leur vû le conservateur doit effectuer la radiation. Le tribunal compétent pour juger ces demandes en radiation est celui de la situation des immeubles grevés (art. 2159).

La demande en radiation peut être formée par toute personne intéressée (Merlin Rep. de jur., n° 11, v° Radiation).

D'après l'art. 2160 il y a lieu à radiation lorsqu'une inscription a été prise sans être fondée ni sur la loi, ni sur un titre, ou si elle l'a été en vertu d'un titre soit irrégulier, soit éteint ou soldé, ou lorsque le droit d'hypothèque est effacé par les voies légales (Merlin loc. cit. n° 11.)

L'hypothèque est un droit réel accessoire qui résulte d'une obligation pricipale, de sorte qu'il ne peut y avoir hypothèque qu'autant qu'il y a une obligation principale à laquelle elle se rattache. Aussi l'extinction de l'obligation principale entraîne celle de l'hypothèque: et par conséquent les causes extinctives des obligations seront aussi des causes extinctives du droit d'hypothèque. Mais l'extinction de l'hypothèque n'entraîne pas réciproquement celle de l'obligation principale, elle n'anéantit que la seule hypothèque.

Quand il s'agira d'opérer la radiation d'une inscription, ce ne sera pas au conservateur à juger si l'obligation hypothécaire est éteinte ou non. Il n'a qu'un rôle passif à remplir, il devra l'effectuer sur la représentation de la part du requérant d'un titre authentique, c'est-à-dire d'un acte de main-levée attestant le consentement qu'y a donné le créancier, ou d'un jugement rendu en dernier ressort. Ce ne sera donc pas à lui à juger de la validité des motifs de la radiation; il suffit qu'on lui présente les preuves matérielles des titres qui l'obligent à l'effectuer.

La radiation une fois opérée, quoique sans motif légal, l'inscription ne peut être opposée au créancier qui a contracté sous la foi d'un certificat négatif donné par le conservateur, mais pour les créanciers antérieurs à la radiation, l'inscription sera à leur égard censée n'avoir jamais cessé d'exister (arrêt de la Cour de Paris, 12 juin 1815, et de la Cour de Douai, D. hyp., p, 444, 445, note n° 2).

Quant à la radiation des inscriptions prises dans l'intérêt de l'État sur les biens des comptables, une décision du ministre des finances du 28 brumaire an XIV porte que les inscriptions prises sur les débiteurs de l'État sont rayées sur la remise d'une expédition de l'arrêté du préfet autorisant la radiation.

SECTION II.

DE LA RÉDUCTION DES INSCRIPTIONS.

La réduction des inscriptions est une radiation partielle. D'après l'art. 2161, une action en réduction est ouverte dans tous les cas d'hypothèque générale, quand l'inscription frappe sur plus de domaines différents qu'il n'est nécessaire à la sûreté de la créance. Cette action ne peut avoir lieu que pour obtenir la réduction des inscriptions prises pour des hypothèques légales et judiciaires; elle ne s'applique dans aucun cas aux hypothèques conventionnelles. Cette demande se porte au tribunal indiqué par l'art. 2159. La disposition de l'art. 2161 diffère de celles réglées par les art. 2143 et 2144. Les dispositions que règlent, en effet, ces deux articles ont pour but de réduire les hypothèques elles-mêmes; tandis qu'ici il s'agit seulement de réduire le nombre des inscriptions. Et la conséquence de cette différence, c'est que, dans notre dernier cas, l'inscription peut reparaître quelquefois, les effets de cette restriction n'étant pas irrévocables. Le créancier peut, en effet, si les immeubles auxquels l'hypothèque a été restreinte deviennent insuffisants pour sa garantie, exiger un supplément d'hypothèque. Dans l'hypothèse prévue, au contraire, par les art. 2143, 2144, les immeubles demeurent désormais affranchis de l'hypothèque qui les grevait.

L'action en réduction, comme il a été dit, ne peut avoir lieu que pour les hypothèques légales et judiciaires, et non pour les hypothèques conventionnelles, lors même que celles-ci porteraient sur tous les biens présents du débiteur et sur ceux qu'il acquerra dans la suite au fur et à mesure des acquisitions, d'après le cas prévu par l'art. 2130. La raison de cette différence est que la loi veut respecter ici la convention qui est la loi des parties. Lorsqu'un débiteur s'est engagé à hypothéquer ses biens présents et ses biens à venir, elle respecte cet accord fait exclusivement dans l'intérêt du créancier, qui, sans cette garantie, n'aurait peut-être pas prêté ses fonds.

Le débiteur seul est admis à former une demande en réduction, et elle aura lieu soit amiablement, soit en justice. Les conditions qui rendront sa demande admissible sont les suivantes : Il faut que les inscriptions soient excessives, qu'elles portent sur plusieurs domaines et que la valeur d'un ou de quelques-uns d'entre eux excède de plus d'un tiers en fonds libres le montant des créances en capital et accessoires. De la disposition de cet article il résulte que, lorsqu'il n'y a qu'un domaine d'hypothéqué, quelqu'en soit d'ailleurs la valeur, la demande en réduction n'est pas admissible. Mais qu'entendra-t-on par domaine? Selon M. Tarrible, on doit entendre ici par ce mot un bois, ou une maison, ou une vigne, par exemple; en d'autres termes, un immeuble unique et distingué des immeubles environnants.

L'art. 2165 indique la manière de procéder à l'opération de la réduction. On doit pour cela établir d'abord la valeur des biens comparativement à la créance et à son tiers en sus. Mais, pour cette évaluation, il ne faut pas avoir recours à la voie de l'expertise, trop dispendieuse. On consulte simplement la matrice du rôle de chaque contribution foncière qui contient une évaluation de chaque bien. On se sert aussi des baux, des actes d'estimation, de partage, etc.... Pour avoir égard aux chances de dépérissement, il faut multiplier par 15 le revenu, et le produit donne la valeur de l'immeuble. Si on n'a pas à craindre des chances de dépérissement, on se contentera de multiplier le revenu par 10. Le résultat obtenu, si la créance avec les accessoires et le tiers en sus sont inférieurs à la valeur des biens grevés, il y aura lieu à réduction.

Cette action peut avoir lieu encore lorsque dans les hypothèses prévues par les art. 2132 et 2148, l'évaluation unilatérale faite par le créancier dans l'inscription est excessive (art. 2163); c'est au juge dans ce cas à décider s'il a exagéré le montant des créances ou de leurs accessoires, en prenant en considération les circonstances, les probabilités des chances, etc. La loi s'en rapporte ici à sa prudence.

CHAPITRE IV.

DES EFFETS DE L'INSCRIPTION. — DE LA POURSUITE DE L'HYPO-THÈQUE CONTRE LE TIERS-DÉTENTEUR.

§ 1er. *Effets de l'inscription.*

L'inscription rend efficaces à l'égard des tiers acquéreurs et des créanciers chirographaires les hypothèques soumises à cette formalité (art. 2166 - 2185, 2134). Elle donne rang au créancier hypothécaire, et cela du jour où elle a été prise; et par elle, celui-ci sera préféré sur le prix de l'immeuble hypothéqué aux créanciers chirographaires et aux créanciers hypothécaires postérieurs; c'est ce que constitue le droit de préférence. En second lieu, une hypothèque suit en sa qualité de droit réel la chose affectée en quelques mains qu'elle passe ; mais il n'y a que les hypothèques valablement inscrites, à moins qu'une disposition expresse de la loi ne les ait dispensés de l'inscription , qui jouissent de ce pouvoir qui a été qualifié du nom de *droit de suite*. C'est l'exercice de ce dernier droit qui permet au créancier d'exercer le premier, c'est-à-dire, le droit de préférence résultant de l'hypothèque, lorsque l'immeuble grevé est sorti des mains du débiteur; sans le droit de suite, le droit de préférence aurait pu être rendu illusoire au gré de ce dernier, au moyen des aliénations qu'il pourrait consentir. Comme, en général, l'hypothèque ne s'exerce qu'au moyen d'une inscription, il en résulte que le droit de suite lui-même ne peut être exercé qu'au moyen d'une inscription déjà prise, lors de l'aliénation de l'immeuble et au plus tard dans la quinzaine de la transcription du contract d'acquisition. Mais une fois l'inscription prise en temps utile, le créancier pourra toujours suivre la chose hypothéquée en quelques mains qu'elle passe, et quelque modique qu'ait été l'aliénation, il peut poursuivre le paiement de la totalité de la créance contre l'acquéreur de cette partie, et ce dernier ne pourra la conserver qu'en soldant la dette entière, car l'hypothèque est *«tota in toto, et tota in quâlibet parte.»*

§ 2. *Obligations du tiers-détenteur.*

Le tiers-détenteur d'un immeuble hypothéqué, n'a que l'un des trois partis suivants à prendre : il doit, ou payer toutes les créances inscrites, ou purger ou bien délaisser l'immeuble. S'il ne prend une de ces déterminations, tout créancier, dont la créance est exigible, a le droit de faire vendre sur lui l'immeuble sur lequel il a hypothèque. La loi, du reste, ne commande pas aux tiers-acquéreurs de purger les immeubles des hypothèques qui les grèvent; l'art. 2167 leur en laisse seulement la faculté; mais s'ils négligent de remplir cette formalité, ils se trouveront assujetis au paiement de toutes les dettes inscrites, en leur seule qualité de tiers-détenteurs, avec les termes et délais dont jouissaient les débiteurs originaires. Ils ne sont cependant pas obligés personnellement, ce n'est qu'à cause de la possession qu'ils sont inquiétés, et cela est si vrai, qu'ils peuvent se décharger de toute recherche en abandonnant les biens qu'ils détiennent (arrêt de la C. de cass., 27 avril 1812. D. hyp., p. 336).

Mais que doit-on entendre par tiers-détenteur? Cette qualification ne peut s'appliquer à ceux qui détiennent pour autrui en qualité de colons, par exemple. Il ne faut donc pas étendre la signification de ce mot, mais la prendre au contraire dans son sens le plus restreint. Il désignera ici seulement le propriétaire de la chose ayant le droit de l'aliéner; car la fin de la poursuite de l'hypothèque étant d'obtenir le délaissement de la chose, ce délaissement ne peut être fait que par celui qui a le droit de l'aliéner ; il s'en suit qu'on ne peut sommer de payer ou de délaisser que celui qui a sur la chose un droit assez étroit pour faire cette aliénation. (Troplong III, n° 784 bis).

Le délaissement de l'immeuble n'est que l'abandon de la possession par le tiers-détenteur aux créanciers, afin de s'exempter de l'expropriation. Il reste, en effet, propriétaire, malgré cet abandon, car il a la faculté de le reprendre, jusqu'au moment de l'adjudication, en payant toutes les dettes inscrites et les frais. Si au lieu d'effectuer le délaissement il préfère garder l'immeuble, il doit payer la totalité des créances en capitaux et intérêts exigibles (2168). Il devrait cette totalité, lors même qu'il ne posséderait qu'une légère fraction de l'immeuble hypothéqué. Mais en payant les créanciers inscrits, il est subrogé de plein droit à toutes les hypothèques que ceux-ci avaient pour sûretés de leurs créances. Si, au contraire, le tiers-détenteur délaisse l'immeuble, les créanciers n'ont pas le droit de le retenir en paiement de ce qui leur est dû ; ils ne peuvent que le faire vendre aux enchères, afin d'être payés sur le prix.

§ 3. *Des formalités à remplir pour arriver à la vente de l'immeuble qui se trouve entre les mains du tiers-détenteur.*

Pour parvenir à cette vente, les créanciers auront des formalités à remplir ; d'après l'art. 2167 pour exercer leur recours contre le tiers-détenteur, ils doivent d'abord signifier au débiteur originaire un commandement de payer, et à l'acquéreur une sommation de délaisser l'héritage, si mieux il n'aime payer toutes les dettes inscrites. Le but de la signification du commandement au débiteur originaire est de l'avertir des actes de procédure qui vont avoir lieu, afin d'en préserver son acquéreur, en payant la somme due. D'un autre côté, il faut par la sommation, mettre le tiers-détenteur en demeure de payer ou de délaisser. Elle est nécessaire pour faire courir le délai de purgement, après lequel il y aura ouverture à expropriation forcée, si avant son expiration il n'y a eu purge ou payement (Troplong, III, 795).

Ces formalités remplies, les créanciers ont le droit de poursuivre la vente de l'immeuble, après l'expiration d'un délai de 30 jours, à partir soit de la sommation ou du commandement, selon que l'un ou l'autre de ces actes aura été signifié en dernier lieu. Car l'art. 2169 ne disant pas si la sommation doit précéder le commandement, ou le commandement la sommation, le créancier peut commencer les poursuites par l'un ou l'autre de ces actes (Grenier, II, 341, Troplong, 791, t. III. Nîmes, 6 juillet 1812, Sir. XIII, 2, 259). Si avant l'expiration de ce délai le tiers-détenteur n'a pas purgé, il est déchu du bénéfice de la purge, et cette déchéance profite à tous les créanciers inscrits.

La vente par expropriation forcée est la fin des poursuites dirigées contre le tiers-détenteur; tout autre mode d'exécution, qui n'aurait pas pour but ce résultat, se trouve proscrit. La vente doit avoir lieu aux enchères publiques, et un créancier premier en hypothèque, dont la créance égalerait ou dépasserait notoirement la valeur de l'immeuble, ne pourrait le garder en paiement, à dire d'experts. Et toute convention, autorisant la vente sans solennités extérieures, serait frappée de nullité (Troplong, t, III, n° 795).

§ 4. *De l'exception de discussion.*

Le tiers-détenteur peut arrêter les poursuites des créanciers, en leur opposant l'exception de discussion, établie par l'art. 2170. Cette exception peut être opposée par lui aux créanciers qui le poursuivent, pourvu que les trois conditions, dont nous allons parler, se trouvent réunies. Elle a pour but de renvoyer ceux-ci à se faire payer par le débiteur personnel avant de poursuivre le tiers-détenteur.

Les trois conditions requises, pour obtenir cette exception, sont les suivantes :

1º Il faut que le tiers-détenteur ne soit pas personnellement obligé à la dette, et s'il l'avait cautionnée, par exemple, il ne pourrait en sa qualité invoquer le bénéfice de discussion.

2º La seconde condition est, qu'il soit resté entre les mains du débiteur principal ou des principaux obligés des immeubles hypothéqués à la même dette. Deux choses.sont ici à considérer pour l'accomplissement de cette condition; d'abord les biens auxquels on renvoie le créancier à se pourvoir, doivent être hypothéqués à la même dette, et, de plus, se trouver encore en la possession des obligés;

3º Enfin le créancier ne doit pas être privilégié, ni avoir une hypothèque spéciale, et la conséquence de cette dernière condition, est qu'il ne peut y avoir lieu à opposer cette exception dans le cas d'hypothèque conventionnelle.

L'exception de discussion doit être requise par le tiers-détenteur et proposée par lui sur les premières poursuites, c'est-à-dire sur la sommation qui lui est faite de payer ou de délaisser; Il faut qu'il indique ensuite les biens sur lesquels il entend renvoyer les créanciers, et avancer les deniers suffisans pour les frais de la discussion.

Dans l'indication des biens qu'il est tenu de faire, il ne peut désigner ceux qui seraient situés hors du ressort de la Cour royale, du lieu où le paiement doit être fait.

On voit d'après cela, que le tiers-détenteur qui veut faire usage de cette exception, doit remplir les conditions imposées en pareil cas à la caution.

§ 5. *Du délaissement de l'immeuble hypothéqué.*

L'acquéreur qui n'a pas rempli les formalités de la purge, et qui est poursuivi par les créanciers inscrits, a la faculté au lieu de les payer, d'effectuer le délaissement de l'héritage et de se mettre ainsi à l'abri de toutes recherches. Mais pour jouir de cette faculté, deux conditions sont requises; il ne doit pas, en premier lieu, être obligé personnellement à la dette; en effet, celui qui a contracté une obligation personnelle, garantie par une hypothèque, ne peut se libérer par l'abandon de la chose hypothéquée. Mais pour le tiers-détenteur qui, n'étant pas obligé personnellement, n'est recherché qu'à cause de la chose, sa position est différente, et dès qu'il consent à abandonner cette chose, on doit le débarrasser des ennuis qu'entraîne avec elle une expropriation. Il faut en second lieu avoir la capacité nécessaire pour aliéner. Si donc, un mineur se trouve tiers-détenteur de biens soumis à une hypothèque, il faudra pour effectuer le délaissement que son tuteur ait l'autorisation du conseil de famille. Si c'est un immeuble de communauté qui se trouve poursuivi hypothécairement, le mari seul peut effectuer le délaissement; si c'est un immeuble dotal, la femme aura besoin, à cet effet, de l'autorisation de la justice (1588).

Celui qui n'a reconnu l'obligation qu'en sa qualité de tiers-détenteur, peut encore délaisser (2173); il suffit qu'il n'y ait rien en lui de ce qui tient à l'obligation personnelle. Mais si en usant de la faculté qui lui est accordée par l'art. 2173, il consent à reprendre l'immeuble en payant le montant des dettes et des frais, par cette déclaration, il devient débiteur personnel de tous les créanciers inscrits.

Le délaissement doit avoir lieu en justice, et être fait au greffe du tribunal, de la situation des biens par un acte signé de la partie et du greffier. Cet acte doit être signifié au vendeur et aux créanciers inscrits (art. 2174 al. 1). «Sur la pétition du plus diligent des intéressés, il est créé à l'immeuble délaissé un curateur sur lequel la vente de l'immeuble est poursuivie dans les formes prescrites pour les expropriations (art. 2174, al. 2).»

§ 6. *Obligations et droits du tiers-détenteur, quant aux détériorations et aux améliorations provenant de son fait.*

Le tiers-détenteur qui a effectué le délaissement, peut être recherché par les créanciers pour les détériorations survenues à l'immeuble par sa faute; et réciproquement recevoir des dédommagements pour les améliorations qu'il y aurait faites.

Quelles sont les détériorations pour lesquelles il peut être recherché, et quelles sont les améliorations qui lui vaudront une indemnité?

L'art. 2175 embrasse ces deux cas : il porte : «les détériorations qui «procèdent du fait ou de la négligence du tiers-détenteur au préjudice «des créanciers hypothécaires ou privilégiés, donnent lieu contre lui «à une action en indemnité.» Mais il ne devra pas être tenu des détériorations fortuites ou naturelles. Les détériorations dont il est responsable sont celles qui proviennent non seulement de sa faute, mais encore de son fait et qui ont nui aux créanciers.

Pour apprécier à cet égard les devoirs des tiers-détenteurs, on doit prendre pour guide les art. 605 et suiv. Code civil.

Si les détériorations ont été occasionnées par défaut de réparations et d'entretien avant l'acquisition, il n'en est pas responsable; les réparations qu'il ferait ici seraient volontaires et constitueraient des améliorations à son égard. Mais si elles proviennent du défaut d'entretien depuis l'acquisition, elles donneront lieu contre lui à une action en indemnité.

On ne peut ranger dans la classe des détériorations les coupes régulières des bois taillis et de haute futaie; ces coupes sont fruits, les créanciers n'y ont droit que depuis la sommation faite au tiers-détenteur, ainsi que cela résulte de l'art. 2176; cette sommation ayant pour résultat d'immobiliser ces fruits à leur profit. Mais pour ce qui concerne les bois de haute futaie non régulièrement aménagés, le tiers-détenteur ne peut y toucher au préjudice des créanciers inscrits, car ils font la valeur du sol; y toucher, c'est commettre une dégradation (Persil, t. 1, p. 249).

Pour ce qui a rapport aux améliorations faites par le tiers-détenteur, il n'a une indemnité que pour celles qui proviennent de son fait et non pour celles qui sont naturelles. La loi ne distingue pas d'ailleurs entre les impenses utiles et les impenses nécessaires.

Le tiers-détenteur aura-t-il le droit de retenir l'immeuble jusqu'au paiement de ce qui pourra lui être dû pour les améliorations provenant de son fait? Suivant M. Grenier et M. Troplong le tiers-détenteur ne jouit pas d'un droit de rétention, mais d'un droit de répétition ; ils lui accordent à cet effet un privilége d'après les art. 2102 n° 3 et 2103 n° 4. M. Tarrible, au contraire, lui accorde un droit de rétention et lui refuse tout privilége.

Mais il n'a qu'une action de *in rem verso* qu'il pourra exercer dans l'ordre par voie de distraction de la partie du prix correspondant à la plus value de l'immeuble (cpr. Persil, art. 2175, n° 6).

L'art. 2175 ne fait porter les répétitions du tiers-détenteur que sur la plus-value. Mais cette plus-value sera-t-elle le taux invariable de l'indemnité à laquelle il pourra prétendre? Selon M. Troplong, t. III, 838, la loi fixe ici un maximum qui ne peut être dépassé; s'il a été fait, par exemple, pour 50,000 fr. d'impenses et que la plus-value ne soit que de 25,000 fr., le tiers-détenteur ne pourra répéter que ce chiffre ; et si l'amélioration est plus forte que l'impense, il ne pourra recevoir que son déboursé.

L'estimation des améliorations doit, en général, se faire par experts-

§ 7. *Effets du délaissement.*

Le délaissement a pour résultat de faire revivre les hypothèques et les servitudes que le tiers-détenteur avait sur l'immeuble avant l'acquisition. Quant aux hypothèques, qu'il avait lui-même concédées, elles subsistent ; mais elles ne viennent qu'après celles résultant du chef des précédents propriétaires (art. 2177). Le tiers-détenteur, qui par suite de l'action dirigée contre lui, a subi une perte, peut exercer un recours en garantie contre son vendeur (2178).

DROIT COMMERCIAL.

DES BILLETS DE CHANGE, DES BILLETS AU PORTEUR, DES BILLETS EN BLANC.

N° 1.

DES BILLETS DE CHANGE.

Le billet de change est celui qui est fait en exécution du contrat de change (Pothier, *Traité du contrat de change*, 207).

Il y en a de deux espèces :

La première est de ceux pour lettres de change fournies : c'est un billet par lequel quelqu'un s'oblige envers un autre à lui payer une certaine somme pour le prix des lettres de change qu'il lui a fournies.

La seconde espèce est celle de billets pour lettres de change à fournir : c'est celui par lequel quelqu'un s'oblige envers un autre à lui fournir des lettres de change sur tel lieu pour la valeur qu'il lui en a fournie.

Le Code de commerce ne parle pas de ces effets, ni de ceux dont il est question ci-après. Il en résulte que ni les uns, ni les autres ne profitent de ses dispositions exceptionnelles et qu'ils sont régis par le Droit commun. Le titre par sa nature appartiendra à la juridiction civile ; mais si c'est par un commerçant qu'il a été souscrit, il est alors censé fait pour un acte de commerce, et sera soumis à la juridiction commerciale ; ce ne sera toutefois qu'une présomption *juris tantùm* qui cédera à la preuve contraire. Mais si le billet énonce une cause commerciale, elle détermine le caractère de l'effet, et le défaut de cause exprimée n'établit qu'une présomption, que la cause soit commerciale. Le débiteur peut la détruire. Si, au contraire, le souscripteur de l'effet n'est pas commerçant, la présomption est inverse ; et d'après ce, l'on voit que ces effets seront ou commerciaux ou civils, suivant que le souscripteur sera ou ne sera pas commerçant.

L'ordonnance de 1673 parlait des billets de change et déterminait leurs formes ; ils pouvaient être payables à ordre, l'endossement y produisait les mêmes effets que dans les lettres de change, et ils entraînaient la contrainte par corps.

M. Delaporte prétend dans ses Pandectes françaises qu'il faut aujourd'hui dans ces billets observer les formes prescrites par l'ordonnance, à défaut de dispositions les concernant dans le Code de commerce. Cela n'est pas exact ; la forme et les effets des billets de change dépendent uniquement de la manière dont ils sont conçus. Si on n'y trouve que les éléments d'un billet simple, il faut recourir au droit commun. Ils seront à ordre, si étant faits à ordre, ils renferment les énonciations prescrites pour ces sortes de billets, mais il n'y a de susceptibles de cette forme que les billets pour lettres de change fournies ; quant à ceux pour lettres à fournir, ils ne peuvent être des billets à ordre, car la valeur de cette espèce d'effet ne peut jamais consister qu'en une somme d'argent. Le billet ayant pour cause des lettres de change fournies, s'il est tiré d'un lieu sur un autre, peut devenir une véritable lettre de change, s'il renferme d'ailleurs les autres énonciations exigées pour celles-ci.

Afin d'éviter les incertitudes, il est bon d'énoncer les conditions et les clauses des lettres promises dans les billets de changes pour lettres à fournir.

N° 2.

DES BILLETS AU PORTEUR.

On appelle billet au porteur celui qui, sans aucune dénomination d'un créancier déterminé, contient la promesse de payer la somme énoncée à quiconque sera porteur du titre.

De la définition il résulte, que le droit d'exiger le paiement est attaché à la seule possession du billet, et que la translation de propriété s'accomplit par la seule tradition du titre. Ce serait en vain que l'on prouverait contre le porteur qu'on était propriétaire avant lui, et la preuve réduite à ce point ne produirait aucun effet.

Sous le rapport de la transmission de propriété, on peut comparer ces billets à des pièces de monnaie, et comme on l'a dit avec raison, c'est au titre qu'on doit et non à la personne.

Ces effets offrent l'avantage de la négociation la plus rapide, mais ils présentent en même temps de grands dangers, en cas de perte ou de vol.

L'ordonnance de 1673 avait admis les effets au porteur, en attachant la contrainte par corps à ceux qui étaient signés par des commerçants. Ils furent interdits par l'édit de mai 1716, lors de l'autorisation de la Banque de Law, dans le but de lui en consacrer le monopole ; la déclaration du roi, du 21 janvier 1721, les autorisa de nouveau. L'art. 22 de la loi du 8 novembre 1792, défendait aux corps administratifs, aux compagnies et aux particuliers, d'émettre aucun billet au porteur, sous les peines d'être poursuivis comme faux-monnayeurs. Mais cette prohibition n'était relative qu'aux billets répandus par certaines personnes pour faire, concurremment avec les assignats, office de monnaie de confiance. Cette loi n'interdisait donc pas les billets au porteur proprement dits. D'ailleurs la loi du 15 germinal an VI, relative à la contrainte par corps, reconnaît implicitement la validité de ces effets, en prononçant la contrainte par corps, à l'occasion de ceux qui auront été souscrits par des commerçants.

Ni le Code de commerce, ni aucune loi ne les prohibant, dès lors, point de doute qu'ils ne soient permis aujourd'hui. Ils sont même autorisés implicitement par le Code de commerce, qui admet dans les sociétés les actions sous la forme d'un titre au porteur ; ensuite par la législation qui autorise les Banques publiques à émettre des billets au porteur. La jurisprudence enfin est conforme à cette doctrine.

Un billet peut être stipulé payable à un individu dénommé ou au porteur, ce qui le réduit à un billet au porteur, à cause de l'alternative par laquelle il est payable à tout porteur. La forme de ces billets ne les rend pas susceptibles d'endossement, puisqu'ils sont transmissibles par la seule tradition manuelle. Il faut en conclure, que si une signature se trouvait apposée au dos ou près de celle du souscripteur, l'auteur de cette signature devrait être réputé avoir voulu se rendre garant du paiement, de même qu'un donneur d'aval (Pardessus, C. de Dr. com. nº 483).

Tant qu'une loi spéciale ne sera pas intervenue, on doit appliquer, comme nous l'avons dit, à ces effets les principes généraux.

Ils ne tomberont pas sous l'application de l'art. 637 du Code de commerce, et ne rendront justiciables de la juridiction commerciale, ceux qui les auront souscrits, qu'autant que ceux-ci étant commerçants, ils seront relatifs à des actes de commerce; et dans ce cas, la contrainte par corps sera prononcée pour somme principale de 200 fr.

Les obligations qu'ils renferment ne se prescrivent pas par cinq ans, mais par trente ans, quand même ils seraient souscrits par des commerçants ou causés pour opérations de commerce (Pardessus, C. de Droit com. 483).

Étant réputés appartenir à celui entre les mains duquel ils se trouvent, le porteur n'a rien à prouver contre celui qui les revendiquerait, en prétendant qu'ils sont sa propriété; c'est à lui à prouver que le détenteur ne les a qu'à titre précaire, qu'il les a volés, ou qu'il les a reçus sciemment d'un voleur (Rejet, 2 nivôse an 12; D. 4, 1, 326; Rejet, 10 novembre 1829; D. 29, 1, 384).

Il faut comprendre parmi ces billets ceux qu'on appelle bons au porteur, ainsi conçus : Bon pour......francs, payables au porteur.

N° 3.

DES BILLETS EN BLANC.

Les billets en blanc sont ceux qui contiennent l'obligation de payer une certaine somme, sans énoncer le nom du créancier, une place est laissée en blanc pour recevoir cette énonciation. Une fois le blanc rempli, ce billet change d'état; sa nature dépend alors des énonciations qu'il renferme. Il pourra être soit un simple billet ou promesse, soit un billet à ordre, soit une lettre de change, selon qu'il contiendra les énonciations nécessaires à la validité de chacun de ces effets.

Les billets en blanc semblent n'être que de simples projets, qui attendent leur complément. Ils diffèrent des billets au porteur, en ce que ceux-ci étant complets, restent invariablement fixés sans pouvoir subir de transformations. Ils ont d'ailleurs la plus grande analogie avec eux, en ce qu'ils n'énoncent le nom d'aucun créancier; comme chez ces derniers la possession vaut titre et la cession s'opère par la seule tradition du billet. Tant qu'ils sont en blanc, ces effets sont de véritables billets au porteur; aussi, la plupart des règles établies au n° 2 précédent, recevront ici leur application.

La valeur de ces billets n'est pas susceptible d'être saisie entre les mains du débiteur par les créanciers du porteur, qui peut changer d'un instant à l'autre, mais le titre peut être saisi exécuté. Comme la possession vaut titre, ici comme dans les billets au porteur, il faut y appliquer pour la revendication, en cas de perte ou de vol, les règles rappelées à ce sujet au numéro précédent.

FIN.

www.ingramcontent.com/pod-product-compliance
Lightning Source LLC
LaVergne TN
LVHW010332030726
842520LV00004B/1419